AF229106

LE
DEVOIR DES RÉPUBLICAINS
JUSQU'EN 1880

PAR

Le SOLITAIRE

Prix : 60 centimes.

BORDEAUX

LIBRAIRIE FERET & FILS

15, COURS DE L'INTENDANCE, 15

Et chez tous les principaux libraires

1877

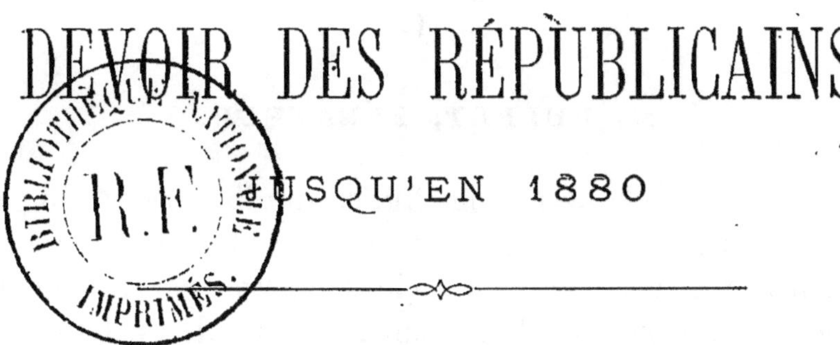

LE
DEVOIR DES RÉPUBLICAINS

JUSQU'EN 1880

I

LES DEUX ENFANCES

On est deux fois enfant dans la vie.

La première enfance, épanouissement de la vie, charme, amuse, distrait, enchante. Elle se présente sous un aspect qui soulage les maux de l'homme; c'est la joie apportée au milieu de la tristesse. En elle, tout, jusqu'à ses défauts, rafraîchit le cœur de l'homme. Elle est l'innocence même, étalant aux regards de chacun les charmes de toutes les vertus et les symptômes de tous les vices qui honorent ou flétrissent l'humanité : premier cri de la conscience humaine qui nous dit ce que l'enfant sera un jour.

La deuxième enfance témoigne de ce que l'homme a été durant le cours de sa vie, et inspire l'estime et le respect ou le dégoût.

Pour les uns, c'est le soir d'un beau jour, crépuscule heureux de la vie; c'est le calme du bonheur dû au devoir accompli.

Pour les autres, c'est la maturité du mal exsudant et corrompant tout ce qu'il touche; c'est la tristesse du cœur dans l'isolement le plus complet; c'est le regret des désirs inassouvis; c'est l'abandon forcé de tout ce qui a été le but de leurs constants efforts; c'est la douleur amère de leur impuissance dévoilée; c'est l'égarement de la raison recevant le nom d'enfantillage.

Occupons-nous un moment de ces derniers qui, acteurs déjà sifflés, reparaissent sur la scène. On les croyait morts; on avait chanté pour eux le *De profundis*. Quelle erreur était la nôtre! La race des bouffons n'est-elle pas immortelle?

II

M. BUFFET, SÉNATEUR.

Après le miracle de la Constitution du 25 février 1875 produit par le sentiment intime de la majorité de l'Assemblée nationale que la République seule s'imposait par la force des choses et surtout par le sentiment national, l'éclosion du premier ministère fut un enfantement pénible et laborieux. L'homme alors indispensable, aux yeux de la majorité de l'Assemblée, était M. Buffet, et M. Buffet ne se pressait pas d'accepter.

Les hommes de la qualité de M. Buffet ne sont pas communs. Impénétrables à ceux qui les environnent, ils n'obéissent qu'à eux-mêmes tout en paraissant se rendre aux désirs des autres. Ils choisissent, ou du moins ils croient choisir l'heure, le moment convenable, lorsqu'ils ne sont que le jouet de leur ambition. Leur chute suit de près leur élévation.

Avant la dissolution de l'Assemblée nationale, la majorité de cette Assemblée avait changé de sentiment sur le compte de M. Buffet. Elle n'avait pas tardé à s'apercevoir que cet homme, qu'elle avait considéré comme l'homme nécessaire de la situation nouvelle et sur lequel elle se reposait du soin de veiller aux premiers développements de la jeune République, était le plus mauvais parrain qu'elle pût lui donner. Aussi elle se détacha de lui et lui infligea le premier sentiment de sa duplicité en lui refusant l'entrée au Sénat.

Mais la porte du Sénat restait ouverte : la nation avait à compléter le nombre des sénateurs. M. Buffet fit appel à la nation du jugement de l'Assemblée nationale. La nation ratifia le jugement de celle-ci : M. Buffet fut exclu.

Le Sénat lui est refusé. Est-ce le signal de sa retraite? Non : M. Buffet, fidèle à sa nature, ne sera pas pour si peu un déserteur de sa cause. Les élections au Corps législatif ne lui fourniront-elles pas le moyen de la défendre? S'il n'est pas sénateur, il sera député.

Il ne sera rien ; la France ne veut plus de lui : partout M. Buffet se voit repoussé. C'est un homme jugé, condamné par la nation. Une acclamation générale retentit ; c'est le cas de dire ou jamais : *Vox populi, vox Dei.*

Mais la mort a raison de l'inamovibilité des sénateurs inamovibles. Un siége n'est plus occupé ; il faut remplir ce vide.

C'est une occasion favorable de réparer l'injustice commise par l'Assemblée et par la nation envers M. Buffet. Aussi les *véritables conservateurs* du Sénat, légitimistes, orléanistes, impérialistes, les trois débris des trois pouvoirs déchus, se coalisent-ils et veulent-ils faire échec au gouvernement et donner un démenti à la nation en relevant de terre l'homme que la France entière avait honni ! Ils en font un sénateur inamovible.

Dites, après cela, si vous l'osez, que leur puissance s'est évanouie !

III

CAUSES DE L'ÉLECTION BUFFET.

Les causes de l'élection de M. Buffet sont multiples, si multiples, que les auteurs de cette élection ne sauraient eux mêmes les faire connaître toutes. Cela ne doit pas surprendre : est-ce qu'ils se connaissent eux-mêmes ? Demandez aux oiseaux de nuit tout ce qui se meut et s'agite dans la profondeur des ténèbres, leur royaume : la lumière n'y pénètre jamais.

Les prétendus conservateurs du Sénat continuent le rêve de leur vie. Ennemis acharnés entre eux, prenant leur haine réciproque pour de la force, ils s'en font une arme contre la République, contre la nation ; ils ne voient pas que leurs mains débiles et tremblantes n'excitent qu'un sentiment : la pitié.

La Constitution du 25 février 1875 peut être révisée. Cette disposition, insérée dans la Constitution pour mettre à l'avenir les lois fondamentales toujours d'accord avec les vœux et les besoins de la nation, sans secousse, sans révolution, dictée par la sagesse même, a servi de thème aux ennemis de la République contre la République elle-même.

Dénaturant le sens de cette disposition que lui ont donné ses auteurs, le seul qu'elle pût avoir, les vaincus du 25 février ont prétendu que leurs vainqueurs leur avaient reconnu le droit de changer leur défaite en victoire, comme s'ils avaient eux-mêmes fait insérer cette disposition dans l'intérêt de leur cause perdue.

A l'abri de cette interprétation vicieuse et criminelle, puisqu'elle a pour but le renversement du gouvernement établi, tolérée par le gouvernement, tous les partis hostiles ont d'abord cherché à constater leurs forces respectives dans la nation. Nous les avons vus à l'œuvre à l'occasion des élections générales au Corps législatif. Dieu sait s'ils se sont donné du mouvement pour faire triompher leurs candidats! quels moyens ils ont employés! quels appuis ils ont trouvés! M. Buffet en sait aussi quelque chose.

Des trois partis ennemis de la République, un seul, le plus mauvais, obtint, relativement aux deux autres, un succès fait pour attirer l'attention : c'est le parti impérialiste. Ce résultat n'avait rien cependant qui dût étonner; il devait être prévu. Avec ses moyens d'action, ses manœuvres occultes, son succès eût dû même être plus éclatant; en sorte que son prétendu demi-triomphe fut pour lui une véritable défaite : ce furent les dernières convulsions de l'Empire expirant.

Quant au parti républicain, la France l'accueillit avec enthousiasme, et, dans sa volonté, elle le porta si haut, qu'il y avait lieu d'espérer que désormais tous les partis hostiles à la République auraient la sagesse de se soumettre au sentiment national si clairement et si puissamment exprimé.

Mais qui sait ce que l'avenir recèle dans son sein! Leur longue et profonde expérience ne leur dit-elle pas qu'il ne faut jamais abandonner la partie? qu'une cause désertée est une cause perdue? qu'il faut rester sur la brèche? que le succès n'est promis qu'à la persévérance?

C'est ce qu'ils ont acquis dans leur longue vie, et ils le mettent en pratique. Cela ne leur a-t-il pas parfaitement réussi jusqu'ici?

N'ont-ils pas bénéficié, à l'exclusion de la nation, de la révolution de 1830?

N'ont-ils pas su se conserver au pouvoir sous la révolution de 1848? et, pour échapper à la menace de s'en voir priver, trahi la République en favorisant le rétablissement de l'Empire?

Pourquoi seraient-ils moins heureux aujourd'hui?

S'ils n'ont pu jusqu'à présent obtenir la réalisation de leurs vœux en paralysant le commerce et l'industrie, en faisant naître l'inquiétude et l'incertitude dans les esprits, en établissant le gouvernement de combat qui a valu à la France une connaissance parfaite et entière du sémillant de Broglie, s'ils n'ont pu empêcher la proclamation légale de la République par la constitution du 25 février 1875, pourquoi désespèreraient-ils? La République de 1870 est-elle plus invulnérable que la République de 1848 dont ils ont eu raison?

Les loques des trois régimes déchus se bercent de la douce espérance de remplacer par un gouvernement de leur choix le gouvernement de la République.

Ces trois tronçons veulent paraître forts, ils ne sont que turbulents. S'ils se réunissent entre eux, c'est qu'ils ont conscience de leur propre faiblesse. N'ayant jamais pu faire rien de bon et de durable, — ce qui les a perdus dans l'esprit de la France, — ils veulent empêcher la nation de s'étudier à comprendre elle-même ses propres intérêts et à se gouverner d'après les conseils de la raison, de la justice et de l'équité. Ils ne veulent pas qu'elle acquière la conscience de ses droits. Ils savent que cette connaissance serait leur congé définitif. En haine de la République, ils se jettent sur la voie qui conduit la nation vers un meilleur avenir pour arrêter sa marche. Les insensés! ils seront broyés.

IV

QUE VONT-ILS FAIRE?

La France serait bien à plaindre si la satisfaction de ses intérêts était attachée au triomphe de l'un ou de l'autre des trois partis déchus.

En effet, le comte de Chambord, Henri V, ne paraît pas devoir occuper de sitôt le trône de France. Le courant qui entraîne la nation française pousse celle-ci dans une direction tout opposée. Les miracles de Lourdes n'auront pas la puissance de le lui faire remonter.

Le comte de Paris, petit-fils de Louis-Philippe, dont le pouvoir greffé en 1830 n'a produit que des fruits véreux, n'a pas de chance plus favorable. La nation ne se prépare pas à mettre un terme à ses loisirs.

Quant au représentant de l'Empire, chaque jour voit diminuer le nombre de ses partisans. La France amante de la liberté a horreur du despotisme.

La France veut se gouverner et n'attend que d'elle-même ce qu'elle a demandé en vain à tous les pouvoirs tombés. La France se gouvernant elle-même par ses représentants ou mandataires, c'est la République.

Que feront les partis coalisés? Ce qu'ils ne feront pas, je vais vous le dire :

Ils n'auront pas la sagesse de comprendre que si la France devait renoncer à se gouverner elle-même et se soumettre à l'un des trois pouvoirs déchus, ce ne serait qu'après avoir acquis la certitude de sa propre impuissance.

Ils n'auront pas la bonne foi de reconnaître que si la France possède, en ce moment, la République, elle ne peut jouir encore d'aucun des bienfaits qu'elle peut lui apporter, par la raison que les républicains n'ont pas encore été au pouvoir et qu'il est injuste de porter au passif de la République les cadeaux funestes de ses ennemis.

Ils n'avoueront pas que s'ils ont été impuissants pour empêcher l'établissement de la République, ils espèrent du moins lasser la nation, en lui refusant, sous le manteau de la République, la réalisation des avantages qu'elle en attend.

Ils ne diront pas que si la majorité républicaine du Corps législatif n'a pas tenu les promesses par elle faites à la nation, la cause doit en être attribuée à leurs manœuvres ténébreuses, aux obstacles par eux semés sous ses pas et à la nécessité pour elle de donner l'exemple momentané du sacrifice pour éviter de voir se renouveler ces actes publics de déconsidération nationale qui ont affligé la France à la suite du triomphe éphémère de M. de Broglie au 24 mai 1873.

Ils ne confesseront pas la douleur qui les ronge de voir le pouvoir échapper de leurs mains; et ils ne couronneront pas leur carrière politique par un acte éclatant de patriotisme.

Ce qu'ils feront! leur passé nous le dit.

Pour se river au pouvoir, ne se sont-ils pas associés, après 1830, à l'hypocrisie de Louis-Philippe pour affermir son trône chancelant? N'ont-ils pas accepté toutes les faiblesses et toutes les hontes de son règne? N'ont-ils pas applaudi au régime immoral de ce gouvernement? Ne s'opposaient-ils pas à l'extension du droit de vote, à l'adjonction au corps électoral de certaines classes de la société dites *des capacités?* L'égoïsme n'était-il pas leur dieu?

Et quand éclata la révolution de 1848, amenée par leur aveuglement; que la République fut proclamée et le suffrage universel admis comme base du nouveau gouvernement, comme principe indiscutable de la souveraineté de la nation, qui ne se souvient que les plus chauds partisans de la République (en paroles empressons-nous d'ajouter) c'étaient encore eux? La transformation des esprits paraissait complète, même au sein des campagnes : c'était là le fruit de leur habileté. Ils sont, en effet, très habiles. Qui n'a lu leurs professions de foi de l'époque? Ils rivalisaient de zèle et d'ardeur avec les républicains de la veille; à côté d'eux, ces derniers paraissaient même modérés. Ces tartufes conti- nuaient leur rôle, ils le jouaient admirablement, si bien, que les vrais républicains se réjouissaient de voir gagnés à leur cause ceux qu'ils considéraient jusque-là comme ses plus fougueux adversaires. La France semblait n'avoir qu'un cœur et qu'une âme. Les républicains croyaient leur rêve accompli : ils étaient heureux de ce changement dont la France allait bénéficier.

La France, en effet, ne tarda pas à en tirer profit. Les républicains occupant des fonctions destitués; des lois réac- tionnaires votées; la loi du 31 mai mutilant le suffrage universel, vinrent témoigner de la sincérité de leur conversion à la République.

Ils avaient repris au pouvoir, dans les fonctions publiques, a position par eux occupée la veille de la révolution du 24 février, mais cela ne leur suffisait pas. Le souverain n'était plus un roi : c'était la nation qui était souveraine. Ils se sentaient menacés et ils voulaient s'y maintenir. Le moyen ne fut pas long à trouver : c'était de renverser la République. Au profit de qui? N'importe! leur préférence à ce sujet s'effaçait devant leur intérêt personnel.

Le président de la République n'était-il pas l'audacieux conspirateur qui avait fait les deux échauffourées de Strasbourg et de Boulogne? cet homme si connu pour la délicatesse des sentiments et des mœurs? Louis-Napoléon Bonaparte, qu'un sentiment, louable en soi, mais erroné et qui devait être si funeste à la France, avait appelé à l'honneur de présider à ses destinées? ils le connaissaient. Ils savaient qu'à ses yeux il n'y avait de sacré que son ambition sans mesure. Ils n'ignoraient pas qu'il n'avait prêté son serment devant l'Assemblée nationale : « En présence de Dieu et devant le peuple français représenté » par l'Assemblée nationale, je jure de rester fidèle à la » République démocratique, une et indivisible, et de remplir » tous les devoirs que m'impose la constitution, » que pour mieux réussir dans ses desseins secrets; que s'il avait dit dans le discours qu'il prononça après la prestation de son serment : « Les suffrages de la nation et le serment que je viens de » prêter commandent ma conduite future : mon devoir est » tracé : je le remplirai en homme d'honneur. Je verrai des » ennemis de la patrie dans tous ceux qui *tenteraient de changer* » *par des voies illégales* ce que la France a établi... » ce n'était que pour détourner de lui les soupçons légitimes que son passé pouvait inspirer à la France et atteindre plus sûrement le but auquel il avait aspiré toute sa vie.

Louis-Napoléon avait donc toutes les qualités requises pour l'entreprise projetée. Ce n'était à leurs yeux qu'une question de temps. Mais ce temps ne pouvait être éloigné, car il n'avait été élu que pour quatre ans, et, aux termes de la constitution, il n'était rééligible qu'après un intervalle de quatre années. Son pouvoir prenait fin le deuxième dimanche du mois de mai 1852, époque où l'élection de son successeur devait avoir lieu (art. 46). Avec un tel homme au pouvoir, leurs désirs et leurs espérances pouvaient donc se réaliser.

Mais un événement de cette importance ne se produit pas instantanément et sans prendre préalablement les moyens et les voies qui peuvent en préparer la réussite. On avait pu jusqu'alors ne se préoccuper que de Paris ; les départements avaient pour habitude d'accepter le résultat de la lutte engagée entre le pouvoir et la capitale. Paris était tout ; le reste de la France n'avait pas voix au chapitre. Mais on vivait alors sous des rois, et actuellement la nation était souveraine. Paris réduit au silence, la voix de la France pouvait encore se faire entendre. Il fallait donc ne pas négliger les provinces ; il fallait prendre à leur égard les mesures nécessaires pour paralyser leur résistance ou la vaincre.

Cela fut fait. L'ennemi de la France, avant de lui jeter le gant, avait occupé toutes les positions. Quelle était la fonction qui n'était pas entre les mains des affidés? Trois années y avaient été employées. Enfin, le moment paraissant opportun, le coup d'État eut lieu. En présence de leur complicité morale, ces derniers pouvaient-ils se dire innocents du sang versé et de tous les méfaits commis à cette occasion?

Tous les fonctionnaires, à quelques rares, bien rares exceptions, firent acte d'adhésion écrite à ce grand crime. Ils étaient descendus si bas qu'ils ne comprenaient pas la honte dont ils se couvraient. C'est un fait inouï dans notre histoire. Voilà les vrais dégénérés !

Les mémorables Commissions mixtes (les légalités criminelles, production monstre qui ne pouvait être enfantée que par le grand criminel de décembre) ne tardèrent pas à épouvanter la société. Lorsque le parjure triomphe, le devoir accompli doit être puni.

En un mot, tous les ennemis de la République applaudirent, et les républicains qui se conformèrent à la lettre et à l'esprit de la Constitution furent traités de factieux et frappés comme tels. Le parti de l'ordre effraya l'humanité. Alors ils respirèrent : la France était esclave. La société était sauvée.

C'était une ère de bonheur qui s'ouvrait pour eux sur la France. La crainte était bannie de leur cœur : ils étaient heureux. Mais il n'est pas de ciel sans nuage. Le nuage recèle la foudre. La foudre éclata. Le colosse aux pieds d'argile s'affaissa, et la France endormie rouvrit les yeux : il était temps!

La République est de nouveau proclamée le 4 septembre 1870. La France a recouvré pour la troisième fois ses droits de souveraineté. Que vont-ils faire?

En 1848, la France était libre et maîtresse de ses mouvements ; sa volonté souveraine pouvait se faire respecter. Les républicains tenaient les rênes du gouvernement. Aussi la réaction se plia-t-elle aux circonstances et fit-elle parade des sentiments qui animaient le pouvoir. Nous savons le reste.

En 1870, au contraire, la France recueillait un héritage désastreux. Dépourvu de tout par l'impéritie du gouvernement impérial, le nouveau gouvernement, aux prises avec un ennemi vainqueur et inexorable, avait une lourde tâche à remplir. Tout le monde se rappelle cette année néfaste. Quelle situation! Quelles complications! Avant tout, il fallait repousser l'invasion provoquée par Napoléon, et, dans ce but, faire appel au patriotisme de tous les Français. Ce devoir, le gouvernement l'accomplit.

On venait de secouer le joug qui depuis vingt ans pesait sur la France, l'avait martyrisée. Un effort surhumain, mais facile à la France, était nécessaire : les républicains y comptaient. Paris donna l'exemple. Si Paris eût été imité!... Mais l'empreinte de l'esclavage avait été si profonde!... Mais la République pouvait-elle avoir confiance dans les serviteurs dévoués du pouvoir qui venait de tomber?... Mais la trahison était déjà attentive et paralysait les mouvements de la France!... Mais vingt générations ouvraient pour la première fois les yeux à la lumière, et son éclat offusquait leur vue!... N'importe! la France aurait eu le dernier mot dans cette lutte... Mais il était réservé à l'Empire d'ajouter à toutes ses hontes la plus noire des infamies. Son lieutenant de prédilection, un misérable, Bazaine, offre à Bismarck son concours pour rétablir l'ordre en France, c'est-à-dire pour combattre la République. N'ayant pu obtenir cet honneur, il veut imprimer au front de la seule armée que possédait la France, le stigmate du déshonneur dont il était pétri : il la livre à l'ennemi. Le traître se trompait. Il n'était pas en son pouvoir de salir l'armée française. Tels furent les adieux de l'Empire à la France.

C'est dans des circonstances si émouvantes que la France élut une Assemblée avec la mission spéciale de traiter de la paix ou de décider la continuation de la guerre. La majorité de cette Assemblée se trouva monarchiste *à l'insu* des électeurs.

Si, en 1848, la République pouvait non seulement dicter des lois à la France et obtenir soumission et obéissance, mais encore maintenir la paix en Europe ou y déchaîner la guerre, il n'en était pas de même en 1870. A cette dernière date, elle se trouvait impuissante et ne put qu'annoncer à la France et au monde son avénement.

Dans cette situation, l'hypocrisie n'était plus de mise, ou du moins elle ne parut pas nécessaire aux ennemis de la République. Pourquoi s'avilir et courber l'épine dorsale quand on croit pouvoir tenir impunément la tête haute? Pourquoi ne pas manifester ses propres sentiments quand on croit que l'intérêt le commande, et qu'on n'a qu'à vouloir pour réaliser ce qu'on désire? Pourquoi ne pas proclamer la royauté quand on croit qu'elle n'a qu'à se présenter pour s'asseoir sur le trône? Pourquoi acclamer la République, dont on ne veut pas, quand on croit pouvoir se passer d'elle? Pourquoi, quand on se croit le maître, faire acte de servilisme?

Tels étaient leurs sentiments; et ils le justifièrent, d'abord à Bordeaux où se réunit l'Assemblée nationale, et plus tard à Versailles.

Cette Assemblée fera époque dans l'histoire. L'Histoire dira qu'en l'année 1871, la France trahie et envahie par un ennemi impitoyable, il se trouva une Assemblée nationale française, héritière de la grande Révolution, qui répudia ses principes immortels, méconnut les droits de la conscience humaine et tenta d'effacer de l'histoire de France ce qui sera son éternel honneur.

Nous ne nous appesantirons pas ici sur les faits et gestes de la réaction; ils sont connus de tout le monde. Personne n'ignore, en effet, des actes qui ont été publics.

Des hommes, jaloux avant tout de l'honneur de la France, au moment où elle allait s'abîmer au milieu des désastres sans nom accumulés sur elle par celui qui apparaîtra dans l'histoire comme le plus grand criminel des temps modernes, se dévouèrent à son salut et sauvèrent d'un cataclysme imminent l'honneur national. Cet acte patriotique, s'il en fut jamais, fut flétri par les monarchistes.

Ces mêmes hommes restituèrent à la France sa souveraineté et proclamèrent la République — la souveraineté du peuple n'a pas d'autre nom. — Cet acte, qui exprimait la revendication de tous les droits méconnus du peuple, reçut le nom de *crime* et les droits de la nation celui d'*hallucination*.

Ces hommes travaillèrent en conséquence.

S'ils ne rendirent pas un décret portant que les membres du Gouvernement provisoire avaient bien mérité de la patrie, ils leur firent l'honneur de les attaquer dans tous leurs actes, dans leurs sentiments, et à cet égard leurs efforts portèrent principalement sur ceux qui avaient le plus démérité de leur confiance et mérité l'estime et l'affection de la nation. Nous n'avons besoin de nommer personne : leurs noms se trouvent dans toutes les bouches.

Pour eux, il n'y avait rien de sacré. Ainsi, quitter son pays pour venir secourir un peuple ami; se dévouer pour ce peuple; faire des actions d'éclat; acquérir des titres à la reconnaissance la plus profonde, n'est pas une chose bien commune. Ce beau spectacle est cependant quelquefois donné au monde, et l'admiration et la reconnaissance du peuple secouru doivent égaler la grandeur du bienfait.

Voilà pourquoi le peuple français, si juste appréciateur du vrai mérite, voulut donner au héros Garibaldi, en témoignage de ses véritables sentiments, la qualité de citoyen français en l'envoyant à l'Assemblée nationale.

Voilà pourquoi aussi la majorité de l'Assemblée nationale le jugea indigne de siéger dans son sein et le pria *poliment* de rentrer dans ses pénates.

Les monarchistes étaient affolés. — La France avait eu plusieurs gouvernements, et chacun d'eux avait porté son nom. Aucune Assemblée n'avait jamais songé à l'effacer, mais l'Assemblée nationale tenta de donner cet exemple inouï : elle aurait voulu substituer au nom de Président de la République celui de Chef de l'État. Grâce à eux, du reste, la France se trouva bientôt, légalement parlant, sous un gouvernement innommé.

Mais ils voulurent donner une nouvelle preuve de leur habileté bien connue. De quoi n'étaient-ils pas capables ?

La République ainsi vaincue et terrassée, — du moins ils le croyaient, — les Bourbons de la branche aînée et de la branche cadette virent disparaître les lois qui les retenaient en exil. Le comte de Chambord et les princes d'Orléans purent rentrer en France. On ne tarda pas à s'apercevoir de leur retour. Ainsi, aux yeux des hommes de la réaction, la place était vacante, et ils se disposaient à l'offrir au prince de leur choix, en témoignage de la pérennité de leur attachement à sa personne. Mais le moment ne leur paraissant pas opportun, ils jugèrent prudent de différer encore quelque temps.

Il ne fallait pas mettre le prince aux prises avec l'ennemi vainqueur dont les armées foulaient encore le sol français. Il ne fallait pas charger ses épaules non encore éprouvées de la tâche lourde et pénible de liquider la situation où se trouvait la France, grâce à l'Empire. Il ne fallait pas, à son avénement au pouvoir, lui offrir un présent aussi funeste.

Les événements ont marché et nous ont montré un spectacle digne de méditation : une Assemblée nationale devenue un foyer de conspiration, la tribune française servant de porte-voix. Un prétendant, le comte de Chambord, lançant ses manifestes au peuple français. Liberté entière dans les voies et les moyens à employer. — Délégations publiques auprès du futur souverain. — Tolérance du pouvoir. — La force publique enchaînée. — Abdication du comte de Paris, représentant la branche cadette, en faveur du comte de Chambord. — Fusion des deux branches dans un même but : proclamer la royauté légitime.

La France regardait faire et se taisait. C'était d'elle pourtant qu'on voulait disposer, elle attendait. L'occasion de faire connaître son sentiment et de donner un avertissement s'étant présentée, elle la saisit. Les élections qui eurent lieu envoyèrent de nombreux républicains à l'Assemblée. Pour tout homme sérieux et de bonne foi, c'était une manifestation bien éclatante de ses sentiments en faveur de la République, et qui n'admettait à cet égard aucun doute. Mais qu'importait la volonté de la France! Est-ce qu'elle s'appartient? N'est-il pas avéré pour les légitimistes que le comte de Chambord, Henri V, a un droit indéniable au trône de France et que le peuple français est son peuple?

Tout le monde connaît le résultat de cette conspiration : aveu d'impuissance et renvoi à un temps meilleur.

L'impuissance démontrée du parti légitimiste aurait inspiré au parti orléaniste la pensée de reprendre en sous-œuvre pour son propre compte le travail commencé par les légitimistes. Le concours prêté par eux au comte de Chambord leur aurait fait espérer que les légitimistes ne leur refuseraient pas leur appui. Erreur! les légitimistes n'ont pas oublié 1830; ils se rappellent aussi autre chose qui remonte un peu plus haut et dont le souvenir ineffaçable est pour eux un obstacle insurmontable.

Mais est-il bien certain que pendant que les légitimistes travaillaient ouvertement et au grand jour, en gens convaincus, est-il bien certain, disons-nous, que les orléanistes les aidaient avec dévouement et sans arrière-pensée? Qui oserait l'affirmer? Ils n'ont, on le sait, qu'une qualité qu'on appelle *habileté* et qui consiste à flatter les passions et les instincts égoïstes pour arriver à leur but. Jamais ils n'arborent franchement leur drapeau, et, quand ils le déploient, on touche au moment où les événements, amenés par leurs manœuvres, leur en font une nécessité, qu'ils qualifient de dévouement à la cause publique, à la nation. Les comédiens!

Jusqu'à quel point ont-ils poussé leur ambition d'escalader le pouvoir? Eux seuls le savent. Ce qui est certain, c'est qu'ils n'ont pu le gravir. Mais y ont-ils renoncé? Oui, jusqu'au moment où ils pourront le saisir.

L'insuccès des conspirations monarchistes a démontré, d'une manière bien évidente, une chose : La France a rompu avec la royauté.

Mais pendant que l'attention publique était portée sur les manœuvres monarchistes, travaillait à la sourdine un troisième parti : le parti de la surprise. L'ombre, la nuit, le silence plaisent à ce parti. C'est là qu'il peut dresser ses embûches et préparer ses moyens d'action. C'est pendant la nuit qu'il frappe, lui, certain d'étonner, de jeter l'épouvante, et disposé à profiter du trouble qu'il apporte ainsi dans les esprits pour imposer sa volonté : j'ai nommé le parti bonapartiste.

Nous ne pouvons pas dire de ce parti ce que nous avons dit du parti légitimiste, que la France assistait tranquillement au spectacle lugubre qui lui fut révélé. L'action de la justice fut mise en mouvement, mais elle oublia de frapper.

Ainsi, depuis 1870, la France était un atelier de conspiration. Cela s'explique. Elle était sans gouvernement défini, dans un provisoire permanent. Son bon sens, sa raison la tenaient en équilibre, et la puissance de l'opinion publique seule la faisait surnager au-dessus de toutes les passions des partis hostiles. Mais un naufrage était possible. Il était temps qu'elle arrivât au port désiré.

Elle y aborda heureusement à travers tous les écueils accumulés pour la faire échouer, le 25 février 1875, jour où fut votée la constitution qui nous régit. Ce jour-là le mouvement salutaire du 4 septembre reçut la sanction de l'Assemblée nationale, et la République devint le gouvernement légal de la France.

Dès ce moment, on était en droit d'espérer que les partis, jusque-là hostiles, auraient tous la pudeur de respecter le gouvernement que la France venait de se donner. Vain espoir! La France souveraine et maîtresse de ses destinées! Allons donc! Obéir... à qui? à ceux dont nous avons été les maîtres pendant quatorze siècles! C'est impossible. — A ceux dont nous avons surpris la bonne foi et trompé l'espérance en 1830 et que nous avons trahis en 1851! Nous couvrir ainsi de honte? Jamais. — A ceux qui se reposaient sur la foi jurée et dont notre serment devait garantir les droits! A ceux à qui nous avons arraché le premier des biens, la liberté! A ceux que nous avons surpris nuitamment et enchaînés! A ceux que nous avons fusillés et mitraillés pour les soumettre à notre volonté! A ceux que nous avons meurtris pendant vingt ans! A ceux dont nous avons traîné l'honneur dans la boue! A ceux dont nous avons déchiré les entrailles et que nous avons livrés pieds et poings liés à l'ennemi! Le bourreau ne se soumet jamais à la volonté de sa victime.

N'est-ce pas ce dont la France a été et est encore le témoin depuis le 25 février 1875? C'est un duel à mort entre la République et les trois partis hostiles à la veille de faire cause commune pour livrer la dernière et suprême bataille.

V

C'EST FATAL.

Ce serait s'abuser étrangement que de croire que les partis hostiles à la République finiront par comprendre qu'ils doivent faire à l'intérêt général le sacrifice de leurs propres sentiments. Certes, ce serait à désirer, car on peut dire que depuis près d'un siècle, pour employer une expression consacrée, le vaisseau de l'État se trouve sur une mer houleuse où des tempêtes fréquentes menacent de le faire sombrer, sans qu'il ait pu jusqu'ici trouver un lieu propice et sûr pour jeter l'ancre et se mettre à l'abri des orages.

Ce serait fermer les yeux à l'évidence que de le penser. Il est facile de s'en convaincre. Il ne s'agit pas, en effet, d'une de ces questions qui peuvent diviser le monde savant et fournir à des systèmes opposés des arguments également spécieux, qui maintiennent les esprits dans l'incertitude et le doute. Ici le bon sens et la simple raison suffisent.

Comme la nature, l'humanité a ses lois. Celles-ci comme celles-là sont invariables, mais en même temps flexibles, et se prêtent aisément à la volonté de l'homme qui agit sur elles. Donnez un pli à un arbre dès sa naissance, maintenez ce pli pendant quelque temps : l'arbre grossit et conserve le pli. La sève a suivi le contour que vous avez imprimé à l'arbre. Il est impossible de lui rendre la direction première qu'il avait reçue de la nature : vous le briseriez. Il restera avec sa difformité. Faites une greffe, le fruit que vous cueillez sera bon ou mauvais selon la nature du fruit greffé.

Laissez, au contraire, la nature agir d'après ses propres

lois, ne gênez en rien ses forces; laissez-la nous produire tout ce qu'elle recèle en germe dans son sein et nous donner une idée de sa fécondité désordonnée et de sa puissance, et vous serez frappé d'admiration et d'effroi : d'admiration pour ses beautés, d'effroi pour ses horreurs. Le beau, le majestueux mêlés et confondus avec le hideux. L'intérêt bien entendu de la société exige donc une culture intelligente.

Il en est de même en ce qui concerne l'homme. Que dis-je? C'est pis. Dans la nature, les erreurs commises n'ont point des conséquences funestes pour la société. Chez l'homme, au contraire, c'est sa propre suppression qu'il faudrait si l'humanité ne devait pas en souffrir. Mais heureusement l'homme peut se préserver du mal qu'il a laissé se produire : il n'a qu'à vouloir.

Aujourd'hui la France est divisée en deux camps au sujet de l'instruction et de l'éducation à donner à l'enfance. L'un d'eux incline vers le passé, tandis que l'autre pousse vers l'avenir. Mais adorer le passé, ce n'est même pas rester stationnaire, c'est reculer. Et s'occuper de l'avenir, c'est agrandir le présent et améliorer le sort de l'humanité.

L'instruction! l'éducation! tout est là, car à l'instruction et à l'éducation se trouvent attachés les sentiments et l'avenir de la génération qui les reçoit. L'instruction est l'ornement des facultés de l'homme; l'éducation lui trace sa règle de conduite. Le manque de l'une et de l'autre laisse s'épaissir autour de lui les ténèbres de l'ignorance et en fait une bête fauve. N'est-ce pas ce dont la France a été le témoin il y a près d'un siècle? A qui la faute? Il y avait quatorze siècles que la royauté existait. De quoi donc s'était occupée la vertu de nos rois?

Son temps avait été très bien employé : des princes, des ducs, des marquis, des comtes, des barons, des seigneurs de toute sorte avaient été créés, et le peuple parqué comme un troupeau. Prérogatives, priviléges, faveurs pour les premiers; le peuple avait l'honneur de les servir, heureux encore quand il pouvait en être quitte à ce prix : les habitants des campagnes surtout en savaient quelque chose.

Sous ce beau temps l'instruction était honnie : les seigneurs avaient en honneur de ne pas même savoir signer leur nom. Ceux qui cultivaient leur intelligence, les hommes de lettres, les philosophes étaient regardés comme les ennemis de la société.

Quant à l'éducation, on devine ce qu'elle pouvait être : elle était en rapport avec l'instruction. Cela devait être. Élevés et nourris dans des idées de suprématie, les élus du trône en vinrent à penser qu'ils étaient d'une nature supérieure. Ils étaient habitués à voir le peuple en état de servage; on leur inculquait dans leur jeunesse des sentiments de domination. Que pouvaient-ils être? Ce qu'on les avait faits. De là ce beau spectacle que présentait la France : à la base, le peuple, la plèbe ne s'appartenant pas, serviteurs inconscients; au sommet, une hiérarchie de droits et de pouvoirs aboutissant au trône, au roi, le chef, le maître irresponsable dont la volonté était sa loi souveraine. Ces sentiments étaient incrustés dans leur âme et en formaient la nature.

Dans cet état de la société française, état contre nature, que pouvait espérer la nation? Connaissait-elle ses droits méconnus, enfouis depuis des siècles sous les ruines de son passé glorieux? Elle ignorait tout et ne savait que subir le joug sous lequel elle était tenue. Le peuple se trouvait dans une nuit profonde : la lumière ne pouvait arriver jusqu'à son âme.

Mais à côté du pouvoir et malgré le pouvoir, la vérité et la justice, qui ne perdent jamais leurs droits, avaient des défenseurs. L'intelligence était aux prises avec l'ignorance et les préjugés. La lutte fut longue et pénible, et eut pour dénoûment cette commotion de la fin du dernier siècle qui agite encore les esprits.

Le passé était vaincu; la France fut couverte de ses ruines; mais son esprit survécut à sa défaite.

Quarante ans après, sans égard aux modifications profondes qui s'étaient opérées dans la nation et à la leçon terrible qu'il avait reçu, il tenta de s'implanter de nouveau. Charles X paya de l'exil sa faute. Encore leçon inutile : nous en avons eu récemment la preuve.

Au régime de la légitimité, la branche cadette en substitua un autre tout nouveau. La légitimité tenait le peuple en état de servage et le privait d'instruction : la liberté individuelle sera respectée et l'instruction favorisée. La France avait effrayé l'Europe par son esprit militaire : la paix régnera à tout prix. Il sera fait bon marché de l'honneur national et individuel ; mais, en revanche, tous les appétits seront satisfaits. La France baissera dans l'estime des nations et rougira d'elle-même ; qu'importe ! pourvu qu'à ce prix elle conserve le pouvoir.

Belle morale pratiquée par ce régime ! Bel exemple donné à la nation ! Corrompre était son système : la corruption le perdit. Telle est l'éducation nationale dont il gratifia la France.

Bohémiens du pouvoir, les orléanistes n'imitent pas en fidélité leurs aînés en monarchie. La fidélité n'est pas leur fort. « Qu'on nous laisse nos places, nous accepterons la République. » (Historique.) Mais il faut leur rendre justice ; ils sont fidèles à quelque chose, à l'émargement. C'est passé dans leur nature. Ils sont à la disposition de tout pouvoir qui voudra de leurs services et prêts à favoriser son établissement, s'il leur est impossible de redevenir les maîtres.

Après l'édifiant régime de l'orléanisme, la France en a vu un troisième qui laisse bien loin derrière lui les deux autres. Empressons-nous de dire que ce dernier a comblé la mesure ; qu'il est impossible de le dépasser. C'est le *nec plus ultra* du despotisme. Nous avons nommé le régime impérialiste. La France en a subi les effets, mais ne l'a pas connu.

L'empire est le fruit de ses propres œuvres : il s'est créé lui-même. C'est le mal personnifié. C'est un intrus dans la nation. Il y a un siècle, c'était le néant. Il a ramassé tous les vices de l'humanité, tous ses défauts ; il a réuni toutes ses hypocrisies ; il a travesti toutes ses vertus ; il a fait de tout cela un corps, et il s'est dit : *C'est bien moi, je me reconnais.* Voilà l'Empire qui s'est abattu sur la France et en a fait sa proie, qui lui a déchiré les entrailles et qui voudrait aujourd'hui la remettre dans ses serres pour l'achever.

Son début a été la violation d'un serment prêté à la France, un crime de haute trahison, la lacération de la constitution qu'elle s'était donnée et que Napoléon avait juré de respecter *en homme d'honneur.* Pour s'assurer le bénéfice de ce crime qu'il commit dans l'ombre, pendant la nuit, comme ceux qui attirent parfois l'attention de la justice, il couvrit la France de deuil et inonda Paris de sang. Pour se conserver le fruit de sa funèbre victoire, il étendit ses mailles sur toute la France et enrôla dans la police ses fonctionnaires jusqu'aux magistrats chargés de veiller à l'application des lois, de faire respecter et honorer la justice. L'Empire n'a été qu'un gouvernement de police secrète. Servitude, abaissement complet du sens moral, voilà l'Empire.

On sait combien ses partisans se sont faits petits au 4 septembre; on n'en trouvait nulle part. Ils avaient disparu devant le souffle de la tempête populaire, comme ces miasmes impurs et délétères qui déciment les populations et qu'un vent salutaire du ciel emporte. Il ne s'en montrait qu'à la tête de notre belle et unique armée de Metz. Aussi, que devint-elle?

Mais ils n'ont pas tardé à recommencer leur travail souterrain, et aujourd'hui ils relèvent la tête comme leurs congénères en conspirations. Ce qu'ils étaient au 2 décembre 1851, ils le sont encore aujourd'hui; ils sont pires, car ils ont à se venger. N'a-t-on pas dévoilé les infamies de l'Empire? Ne lui a-t-on pas arraché le masque dont il se couvrait et montré à nu son hypocrisie, sa fourberie? Ne l'a-t-on pas marqué au front du stigmate du déshonneur? Et vous ne voudriez pas qu'il cherchât à laver toutes ses hontes! qu'il tirât vengeance de la noirceur de sa conscience mise à jour! de sa lâcheté au 4 septembre! *Il momifierait la France.*

Tous ces partis prophétisent le renversement prochain de la République. Lisez leurs journaux, et vous serez édifiés à cet égard. Écoutez l'écho qui nous vient de la chambre haute de Versailles, du Sénat, et vous apprendrez comment la majorité de cette assemblée créée comme un pouvoir modérateur et conservateur de la Constitution, composée de légitimistes, d'orléanistes et d'impérialistes, *remplit scrupuleusement son devoir*. Quelle confiance la nation doit avoir en cette assemblée!

Réfléchissez un instant, et demandez-vous si ces divers partis qui n'aspirent qu'à dominer et à replacer la France sous leur joug, qui font taire leur haine réciproque pour s'unir entre eux contre tout ce qui peut paraître une conséquence naturelle de la Constitution, une application des principes républicains, et qui n'ont pour mobile de leurs actions que la passion du pouvoir qui leur échappe, demandez-vous, dis-je, s'ils se déclareraient les ennemis jurés de la République, s'ils conspireraient contre elle à la veille de la voir se consolider pour jamais, s'ils n'avaient résolu d'arracher au peuple sa souveraineté pour le réduire de nouveau, et cette fois pour longtemps, en esclavage. C'est fatal, vous dis-je!

IV

LE DANGER EST IMMINENT.

« Vous ne savez pas ce que vous faites! Avant quinze jours,
» vous serez les victimes des bonapartistes! Vous ignorez donc
» ce qui se passe? » s'est écrié M. Floquet, dans la séance du 23 mars, à propos d'un projet de loi sur la presse dont la discussion fut renvoyée après les vacances de Pâques, critiquant ainsi ce renvoi.

Ces paroles de M. Floquet attestent l'existence patente de la conspiration contre la République et nous apprennent en même temps l'accord réalisé ou à la veille de se réaliser entre tous ses ennemis.

Ce que signale M. Floquet, la menace d'une insurrection imminente du parti bonapartiste, doit être pris en sérieuse considération. Conspirer, n'est-ce pas déclarer la guerre? Avant de livrer la bataille, l'ennemi fait-il connaître son plan de combat et l'heure de l'attaque? Révèle-t-il ses moyens d'action? Proclame-t-il la surprise qu'il médite? Non.

Renvoyer à 1880, époque des élections générales, n'est-ce pas une tactique adoptée pour laisser croire qu'on a confiance dans la nation, qu'on compte sur un retour de l'opinion publique et qu'on ne songe nullement à la violenter?

Ce serait se payer de mots, et être d'une crédulité plus qu'enfantine, que d'ajouter foi à ces déclarations. Attendre 1880!..... oui, comme ils attendirent le deuxième dimanche de mai 1852, jour fixé par la constitution de 1848 pour l'élection d'un nouveau président! Ils avaient alors ouvert une campagne pour la réélection illégale à la présidence de la République de Louis-Napoléon. La constitution disait qu'il ne pouvait être réélu qu'après un intervalle de quatre années, mais ils invoquaient la souveraineté de la nation plus puissante que la constitution, souveraineté permanente, et ils ajoutaient : *Le salut de la France l'exige!* Je ne serai point démenti par un magistrat siégeant aujourd'hui à la Cour de cassation, alors procureur de la République, qui, dans une profession de foi adressée aux électeurs de son canton dont il briguait les suffrages pour être nommé conseiller général, exposait cette belle, légale et morale doctrine.

Mais attendre le deuxième dimanche de mai de l'année 1852 c'eût été renoncer au projet de renverser la République; car qui aurait osé dire à la nation debout, appelée par le gouvernement, en vertu de la Constitution, pour l'élection d'un nouveau président, assemblée dans ses comices : Viole ta loi fondamentale! Déchire de tes propres mains ce que tes représentants, en vertu de ton mandat, ont établi pour l'exercice de ta souveraineté! — Assemblée pour l'élection d'un nouveau président, elle aurait procédé à cette élection et la République eût été conservée.

De même, attendre 1880, époque où doivent avoir lieu de nouvelles élections générales, serait, pour les ennemis de la République, renoncer à la combattre et l'accepter comme forme définitive du gouvernement de la France. En effet, ils n'ignorent pas les sentiments qui dominent en France, ils savent que la nation est plus jalouse aujourd'hui que jamais de conserver sa souveraineté, de gérer elle-même ses propres affaires, et l'accueil qu'elle ferait au téméraire qui oserait lui proposer d'abdiquer sa souveraineté..

Ce n'est donc que par un coup d'audace imprévu, ténébreusement préparé, éclatant pendant le sommeil de l'opinion publique, se reposant avec confiance sur l'absence de toute cause de nature à provoquer sa manifestation, et sur la vigilance du pouvoir dont le premier devoir est de veiller à la sécurité publique, qu'une pareille entreprise peut être tentée. Mais remercions les ennemis de la République, ils viennent d'éveiller l'attention de la France, la surprise n'est plus possible : de Broglie est ressuscité.

VII

DISSOLUTION DE LA CHAMBRE ET SES SUITES.

La Chambre des députés a été dissoute. La Constitution le permettait; donc, rien à dire.

Le motif de la dissolution de la Chambre est bien connu et bien facile à comprendre; c'est clair et net. En 1876, les élections ont été faites sous l'invocation du nom du maréchal de Mac-Mahon, président de la République, et les députés républicains se sont trouvés en majorité au Corps législatif. Cette majorité ne partageait pas la manière de voir du président de la République, et la question était de savoir si les électeurs de 1876 avaient eu réellement l'intention de faire ce qu'ils avaient fait, c'est-à-dire d'envoyer des républicains à la Chambre des députés ou des hommes partageant les sentiments du président de la République. Celui-ci, qui entend gouverner avec la majorité de la Chambre, ainsi qu'il l'a déclaré lors de sa nomination à la présidence, et qui ne veut pas que le moindre nuage existe sur la conformité des sentiments de la majorité de cette assemblée avec les sentiments de la majorité du peuple français, persuadé que l'influence seule de son nom avait déterminé les électeurs à porter leurs suffrages sur les candidats formant la majorité de l'Assemblée, et ne pouvant croire à une méprise intentionnelle aussi grande, a résolu de consulter sur ce point le pays qui, en définitive, sait seul s'il a voté *noir* en voulant voter *blanc*. Il faut bien reconnaître que si le maréchal de Mac-Mahon, président de la République, se trompe, il a en sa faveur une excuse.

Personne, certainement, ne doute de la parole du maréchal de Mac-Mahon. Il a promis de soutenir et de défendre, s'il en était besoin, la Constitution jusqu'à l'expiration de sa présidence; nous devons donc être sans crainte à cet égard, car en 1880 il descendra du pouvoir comme en descendit le général Cavaignac en 1848. Un vrai soldat français ne trahit jamais.

Mais nous vivons dans un temps bien extraordinaire. Nous tombons de surprise en surprise. M. le duc de Broglie, par exemple, cet homme de gouvernement de combat, que nous avions vu déjà à l'œuvre, et que nous pensions mort et bien mort, reparaît au pouvoir. Ne nous en plaignons pas. N'a-t-il pas déclaré à la tribune du Sénat, à l'occasion de la dissolution de la Chambre des députés, qu'il était animé des mêmes sentiments que le maréchal de Mac-Mahon? qu'il entendait gouverner conformément à la Constitution et qu'il ne demandait qu'une chose : Que la France fît connaître sa volonté. M. de Fourtou lui-même n'a-t-il pas tenu le même langage? Tenez, pour peu qu'il y ait progrès, vous verrez ces deux hommes devenir ardents républicains. S'il en était ainsi, gardez-vous bien de parler de palinodie : ils seront ce qu'ils ont toujours été : avides du pouvoir.

Pour la dissolution de la Chambre, il n'a fallu que vouloir et obtenir du Sénat un vote favorable : pas autre chose. Pour l'élection d'une nouvelle Assemblée, ce n'est pas tout à fait aussi simple quand il s'agit, comme dans la circonstance, de mettre la France à même de faire connaître, d'une manière non douteuse et bien certaine, son sentiment le plus intime. MM. de Broglie et de Fourtou connaissent le cœur humain et surtout le cœur du peuple français, et leur profonde sagesse leur a interdit de convoquer immédiatement les électeurs pour l'élection de la nouvelle Assemblée. Ils ont trois mois à dater du décret de la publication de la dissolution et, en hommes d'Etat consommés, ils veulent mettre à profit le temps que la loi — dont ils sont toujours les plus scrupuleux observateurs — leur accorde, pour se conformer aux exigences de l'intérêt général bien entendu. Ce n'est pas en un jour, en effet, que l'on peut rendre le calme et la tranquillité à des millions d'individus dont la majorité entraînée dans une voie pernicieuse effraie la minorité. Il faut du calme pour voter.

Il s'agit, pour ces Messieurs, ils le disent du moins, de combattre le radicalisme qui menace d'envahir la société.

Est-ce que les radicaux formaient la majorité de l'Assemblée législative? Non. Mais vous connaissez cette maxime : *Principiis obsta, sero medicina paratur.* C'est la sagesse même qui donne ce conseil. Ils n'en suivent pas d'autre.

En effet, laisser dans les administrations le personnel nommé par un ministre républicain, serait aller contre le projet arrêté et s'exposer à ne pas voir se manifester la vérité du sentiment public. Donc il faut épurer les administrations, et ils les épurent.

Permettre aux journaux républicains de circuler librement serait laisser se répandre le poison que l'on combat et compromettre le résultat espéré de l'entreprise. Donc aucun journal républicain ne pourra prendre ses ébats. C'est ce qu'ils ont décidé dans leur sagesse.

Laisser, en tous lieux, la parole libre avec ses fantaisies, serait risquer de pêcher en eau véritablement trouble le poisson que l'on veut prendre et s'exposer à manquer le coup. Donc, surveillance rigoureuse étendue partout, et recommandation à toutes les autorités de veiller à l'exécution de cette mesure d'ordre public. C'est le silence ou le mutisme qu'il faut pour que les élections se fassent avec calme.

Mais tout ce qu'il y a de pur, de saint, d'honnête, de sincère, de loyal, de vertueux, de vrai patriotisme et de dévoué à l'humanité, doit concourir à l'œuvre conservatrice présidée par de de Broglie étayé de de Fourtou. Or, la pureté de l'intention, la sainteté du sentiment, l'honnêteté de l'action, la sincérité et la loyauté du langage, l'éclat de la vertu, du patriotisme et du dévouement à l'humanité, ne sont-ils pas représentés par les légitimistes, les orléanistes et les impérialistes? Donc, liberté entière pour eux et leurs journaux. C'est justice. Agir autrement, ne serait-ce pas violer le droit qui leur est reconnu de manifester librement leurs sentiments contre la République? MM. de Broglie et de Fourtou sont trop attachés à leur devoir pour y manquer.

Oui, nous traversons une époque bien étrange. Nous sommes en république, nous avons une constitution qui établit définitivement cette forme de gouvernement. Ce gouvernement consacre la souveraineté de la nation; sous ce gouvernement la France est réellement maîtresse de ses destinées, et sa dignité comme son honneur restent sous sa sauvegarde.

Cependant, que voyons-nous? Une chose incroyable que l'Histoire révoquera en doute; ce que l'on n'a jamais vu, ce qui, s'il n'était la confiance que l'on a dans le président de la République qui restera fidèle à sa parole, autoriserait les partisans de la souveraineté nationale, les vrais amis de la tranquillité publique, les républicains, en un mot, à se disposer à imiter les anciens chevaliers français, à faire la veille des armes.

La Chambre a été dissoute pour que la France, dans une nouvelle élection, eût à se prononcer pour ou contre les sentiments qui animaient la majorité de l'Assemblée. C'est ce que le président de la République a déclaré et ce que les ministres ont confirmé. Cette mesure a été prise afin d'avoir une majorité parlementaire représentant les sentiments de la majorité de la nation et, ainsi, un gouvernement fort, capable de rassurer tous les intérêts et d'imposer silence à tous les ennemis de la Constitution, à tous les factieux.

La France attend d'être convoquée dans ses comices pour faire connaître sa pensée. Que faut-il pour cela? un décret de convocation; pas autre chose.

Mais le Conseil des ministres est en travail pour l'enfantement de ses candidats agréables. Mais les royalistes s'agitent pour obtenir l'exécution des promesses qui leur ont été faites. Mais les impérialistes ne restent pas immobiles. Mais nous voyons refleurir toutes les prétentions des partis hostiles connus jusqu'à ce jour; nous en voyons d'autres encore qui veulent entrer en lice, en voici la nomenclature : les légitimistes, les orléanistes, les bonapartistes, les cléricaux. Est-ce assez de prétendants à l'honneur de gouverner la France?

Naguère, l'Espagne ne pouvait trouver personne pour occuper le pouvoir; on ne peut pas en dire autant de la France. Chez nous, les dévouements sont nombreux, et nous n'avons pas à craindre de nous trouver, comme l'Espagne, dans la nécessité de faire appel à l'étranger pour avoir un maître.

Ajoutez à cette ébullition des esprits, fomentée par les ministres, l'opposition de toutes les administrations, sur ordre ministériel, aux candidats républicains, *les seuls légaux*, et dites-moi, s'il vous plaît, s'il est bien vrai que la France possède une constitution; s'il est vrai que le 25 février 1875 la Chambre des représentants de la France ait voté la constitution sous laquelle nous vivons. Dites-moi... je m'arrête, non, j'achève : sont-ce les républicains qui sont des factieux ou les légitimistes qui veulent renverser la République pour établir sur le trône le comte de Chambord? — les orléanistes qui veulent y placer le comte de Paris? — et les bonapartistes qui renouvelleraient avec plaisir leurs exploits du 2 décembre 1851? Répondez.

Agir ainsi, est-ce se conformer au vœu exprimé par le maréchal de Mac-Mahon en demandant la dissolution de la Chambre?

Non, non. La preuve, je la trouve dans le discours prononcé par le Maréchal à Bourges, discours dans lequel il définit ainsi sa politique : « A l'extérieur, maintenir la paix; au dedans, » marcher sur le terrain de la Constitution, à la tête des » hommes d'ordre de tous les partis : les protéger, non » seulement contre les passions subversives, mais contre leurs » propres entraînements; réclamer d'eux qu'ils fassent trève à » leurs divisions, pour écarter le radicalisme qui est notre » commun péril.

» Voilà mon but, je n'en ai jamais eu d'autre. »

Arrêtons-nous un instant à ce passage, qui est le seul qui doive nous occuper.

« A l'extérieur, maintenir la paix. » Qui, plus que les républicains, sont partisans de la paix? Sont-ce les légitimistes qui, si leur rêve venait à se réaliser, nous mettraient sur les bras l'Italie et l'Allemagne? Évidemment non. Sont-ce les bonapartistes? Mais la France n'a pas encore perdu le souvenir de l'Empire, ni de ses folles entreprises aux deux extrémités du monde, en Chine, au Mexique, et, en dernier lieu, contre l'Allemagne. Il doit y avoir si peu de doute à cet égard dans la pensée du maréchal de Mac-Mahon, que, serviteur lui-même de ce pouvoir abhorré, l'éclat de ses belles qualités n'a pu laisser aucune empreinte sur ce règne. Sont-ce les orléanistes? Oh! pour ceux-là, je ne dis pas; Ils sont partisans, eux, de la paix à tout prix, même au prix du déshonneur de la France. Quand on en est venu là, on ne compte plus. Donc les républicains sont seuls d'accord sur ce point avec le maréchal de Mac-Mahon.

« Au dedans, marcher sur le terrain de la Constitution. » Qui, plus que les républicains, respectent la Constitution du 25 février 1875? Le moindre soupçon contraire ne peut les atteindre. Sont-ce les légitimistes, les orléanistes et les impérialistes? Mais la France a, en ce moment, le témoignage vivant de leur projet de la déchirer, pour la remplacer par... le chaos.

« A la tête des hommes d'ordre de tous les partis. » Qui, plus que les républicains, peuvent se dire des hommes d'ordre? La République n'est-elle pas l'ordre par excellence? Là où tous les droits sont respectés et les devoirs accomplis, où le désordre trouverait-il à se nicher? Ce parti se compose non seulement des républicains de la veille, mais encore de tous ceux qui persuadés que là seulement se trouvent le repos et la tranquillité de la France, sont venus de tous les partis hostiles, grossir ses rangs et former cette majorité imposante du parti républicain. Ce n'est qu'à la tête de ces hommes que le Maréchal peut marcher sur le terrain de la Constitution. Donc, le Maréchal ne peut comprendre dans sa pensée les légitimistes méditant le renversement de la République, les orléanistes coupables des mêmes sentiments, et les bonapartistes trop connus pour qu'on lui fasse l'injure de l'associer à leurs desseins sinistres.

« Les protéger non seulement contre les passions subversives, mais contre leurs propres entraînements. » C'est là le principal et même l'unique devoir du Maréchal, chef de l'État. Mais la France est heureuse de pouvoir se dire que jamais il n'a été plus facile de réaliser ce devoir. En effet, contre quelles passions doit-elle se mettre en garde? Contre les passions des légitimistes, orléanistes et bonapartistes, tous factieux. Voilà les passions subversives de l'ordre de choses existant. Voilà les hommes qui foulent aux pieds la Constitution que le Maréchal respecte et veut faire respecter. Aussi il peut marcher sans crainte sur son terrain, car il a avec lui la majorité de la France.

Les passions subversives des partis hostiles étant tenues en respect, la majorité de la France donnera au Maréchal-Président de la République un témoignage de sa satisfaction en se prêtant à ses désirs de ne faire disparaître qu'insensiblement, peu à peu, selon les nécessités du moment et, par suite, sans entraînement irréfléchi, les abus existants, légués par tous les pouvoirs déchus, et qui choquent l'ordre de choses actuel placé sous sa surveillance, sous sa garde.

« Réclamer d'eux qu'ils fassent trève à leurs divisions pour écarter le radicalisme, qui est notre commun péril. » Ce qui précède démontre que le désir du Maréchal sera facilement exaucé. En effet, le sentiment commun à tous les républicains, n'importe la différence de leurs nuances, étant de rendre la France prospère, comment hésiteraient-ils — ils n'avaient même pas besoin de l'exhortation du maréchal de Mac-Mahon — à s'opposer à l'invasion chimérique de ce radicalisme honteux qui n'ose se montrer nulle part, je veux parler de ces partageux que la brillante imagination des partis hostiles à la République a enfantés pour effrayer les peureux volontaires? Il ne peut être question que de ceux-là, à moins que les paroles du Maréchal ne s'appliquent à ce nouveau radicalisme qui est un vrai péril pour la société, je veux parler des légitimistes, orléanistes et bonapartistes qui affichent leur prétention de renverser la République, de déchirer la Constitution que protége et que défend le maréchal de Mac-Mahon. Ils sont radicaux ceux-là, et de la pire espèce. Ce sont les seuls qui légitiment les paroles du Maréchal, puisqu'ils veulent détruire ce que le Maréchal a promis de défendre. Donc les républicains sont encore d'accord avec le maréchal de Mac-Mahon contre ces ennemis de l'ordre de choses existant.

« Voilà mon but, je n'en ai jamais eu d'autre. » Jamais les républicains n'ont prêté au maréchal de Mac-Mahon un sentiment indigne d'un honnête homme; ils lui ont toujours rendu la justice qui lui est due; sa parole a toujours été pour eux l'expression d'un sentiment vrai et pur. Les partis hostiles à la République ne lui ont pas fait le même honneur.

Autrefois, sous l'ancien régime, quand le roi pouvait dire : « *L'État, c'est moi,* » il était permis à un simple mortel de présenter ses doléances à Sa Majesté induite en erreur par ses conseillers les plus intimes. Cela se faisait très humblement et très respectueusement.

Aujourd'hui que nous sommes en république, que la France est souveraine et que le Chef de l'État est un simple mandataire de la nation, ce qui l'élève plus haut que ne l'était le roi avec sa toute-puissance, il ne peut être défendu de faire entendre les plaintes les plus légitimes.

Cette observation nous est suggérée par la suite du discours du maréchal de Mac-Mahon, où il se plaint d'avoir été calomnié.

On disait autrefois : « *Si le roi savait!* que d'injustices commises en son nom seraient réparées! » On peut donc dire aujourd'hui : *Si le Chef de l'État savait!* il serait impossible de le tromper sur les sentiments des vrais amis de la Constitution, de la majorité réelle de la France, en un mot des républicains, objet, dit-on, des plaintes au sujet de ses *intentions accusées* et de ses *actes dénaturés*. Il saurait que s'il s'est cru calomnié, c'est en réalité le parti républicain qui a été calomnié auprès de lui, et, d'un autre côté, que le bon sens public a fait justice de toutes ces calomnies, car la source d'où elles découlent n'est que trop connue.

Louis XVI était un honnête homme. Il avait accepté la constitution que la France s'était donnée. S'il n'avait obéi qu'à ses propres sentiments, la France, libre et heureuse, aurait marché sans encombre dans la voie que la raison et la justice venaient de lui tracer. Mais comme tous les mortels qui ont une conscience droite et qui ne songent qu'à remplir leurs devoirs, Louis XVI ne supposait point que son entourage eût des sentiments opposés aux siens. Les témoignages d'amitié et de dévouement qui lui étaient prodigués sous la forme la plus désintéressée, l'empêchèrent d'écouter la voix du peuple, les conseils des représentants de la nation... Nous savons tous où ses conseillers le conduisirent et les calamités qu'ils attirèrent sur la France.

Nous ne voulons pas imiter ici l'archevêque de Bourges. Nous ne voulons établir aucune comparaison entre Louis XVI et le maréchal de Mac-Mahon, entre la royauté et le mandataire de la nation. Le roi se croyait au-dessus de la constitution que la nation venait de se donner; il n'avait cédé, en l'acceptant, qu'à la nécessité, car elle rognait ses pouvoirs antérieurs. Le maréchal de Mac-Mahon, au contraire, qui n'était qu'un simple citoyen, occupant, il est vrai, avec dignité, le poste qui lui était assigné, ne pouvait, en se voyant appelé à l'honneur de présider, pour un temps, aux destinées de la France, se plaindre d'empiètements faits par la constitution sur ses droits; il dut, au contraire, se sentir très honoré, et sa reconnaissance envers la France qui paraissait récompenser ainsi les services rendus, dut être sans bornes.

Ce n'était pas un maître que la France se donnait: c'était un simple mandataire qui devait en retour remplir scrupuleusement les devoirs qui lui étaient en même temps imposés, au nombre desquels se trouvent notamment le respect envers la Constitution et l'obligation de gouverner avec la majorité de la France représentée par l'assemblée des députés, c'est-à-dire avec la majorité de cette assemblée. Le maréchal de Mac-Mahon l'avait si bien compris ainsi lui-même, qu'en acceptant la présidence de la République il déclara qu'il conformerait toujours sa conduite aux vœux de cette majorité. Il a si peu changé de sentiment à cet égard, que ce n'est que pour connaître les sentiments vrais de la nation, ce que la majorité en France désire et pour s'y conformer, qu'il a dissous la Chambre des députés, et rendu nécessaires de nouvelles élections.

Mais nous sommes déjà bien loin du point de départ; on ne l'aperçoit plus. Qu'en pensent MM. de Broglie et de Fourtou? Croient-ils être les interprètes fidèles des sentiments et des promesses du maréchal de Mac-Mahon? Croient-ils se conformer à l'esprit de la Constitution et poursuivre le but que s'est proposé le maréchal en faisant appel à la nation? Croient-ils que plus la pression sera forte sur les électeurs, plus grande sera leur liberté dans le vote? Croient-ils enfin remplir leur devoir envers la nation?... A qui donc appartient la France pour que l'on se fasse un pareil jeu de ses destinées?

VIII

PRINCIPES POLITIQUES.

La vraie politique est soumise à des principes certains dont on ne devrait jamais s'écarter. Elle est, en outre, inséparable du devoir qui doit toujours lui servir de guide.

L'homme a été créé pour vivre en société, car c'est là seulement que ses facultés multiples peuvent recevoir leur développement, et rien d'inutile ne se trouve en germe dans la conscience humaine.

Être créé pour vivre avec ses semblables, c'est avoir un but commun, et ce but ne peut être autre que le bien-être, le bonheur de tous dans les limites du possible. C'est vers ce but que tend l'humanité, elle n'a pas d'autre destinée. C'est le seul lien qui attache les hommes entre eux. Rompre ce lien serait tomber dans le chaos. Il est donc du devoir de tous de le respecter. D'un autre côté, il est impossible à l'homme de s'en détacher : c'est sa vie, c'est son être. Qui oserait soutenir le contraire, ne prouverait qu'une chose : qu'il s'ignore, qu'il n'a pas conscience de ce qu'il est.

Connais-toi toi-même est le point de départ conseillé par la sagesse à tout homme. En effet, se connaître, c'est se révéler à soi-même sa nature, ses besoins et, en même temps, ses droits et ses devoirs ; et, sous tous ces rapports, sa similitude avec ses semblables, par suite la solidarité entre tous.

Se connaître, c'est encore s'aimer, c'est tendre au bonheur, au bien-être, c'est reconnaître ce même sentiment chez les autres ; c'est la vision de la chaîne intellectuelle qui enlace tous les hommes et leur souffle, jusqu'ici en vain, la fraternité. Se connaître, c'est avoir conscience de sa liberté, de la responsabilité de ses actions et de leur moralité ; c'est enfin connaître la seule voie où l'on trouve toujours réunis l'équité, la justice, le droit, le devoir, en un mot la vérité, compagne inséparable de l'humanité.

C'est à l'aide de ce critérium qu'il faut juger et la légitimité des partis et la moralité de leurs actes. La situation où se trouve la France non seulement en permet, mais en exige l'application, ou l'humanité n'est qu'un rêve.

.L'humanité a été, est et sera toujours ce que la conscience humaine proclame. Modifier le cri de la conscience à cet égard, c'est méconnaître le droit de l'humanité et lui substituer le bon plaisir de l'homme; c'est la livrer à tous les vents des passions quelles qu'elles soient. N'est-ce pas ce qui a été fait et ce que nous avons vu jusqu'à ce jour?

Jusqu'à ce jour, la volonté de la France s'est pliée à la volonté d'un homme, roi ou empereur. Jusqu'à ce jour, sa fortune a suivi la fortune de ses chefs ou maîtres. Jamais elle n'a pu se dire : telle chose est équitable, juste, conforme au bon sens, à la raison; la conscience publique en sera satisfaite; elle sera exécutée, car telle est ma volonté.

Jusqu'à ce jour, elle a expérimenté tous les systèmes que l'orgueil, appuyé sur l'ambition et l'égoïsme, a pu enfanter. Aucun d'eux n'a donné satisfaction à ses besoins, à ses véritables intérêts. Le moment est venu pour elle d'essayer le seul vrai, le seul légitime, celui de la conscience humaine, seul guide infaillible puisqu'il vient de Dieu.

Mais l'homme n'a point la perfection en partage; l'erreur est de son domaine; l'humanité ne l'a que trop éprouvé. La conscience humaine est un prisme dont les faces sans nombre reflètent toutes les passions et toutes les vertus avec leurs mille nuances. Véritable océan de l'humanité, celle-ci subit toutes ses fluctuations; son ciel n'est pas toujours pur et sans nuages, et si la vérité ne l'éclaire pas sans cesse de sa vive lumière, ce n'est qu'une éclipse momentanée qui ne saurait arrêter l'humanité dans sa marche. Ne venons-nous pas d'en avoir la démonstration la plus éclatante? N'a-t-elle pas fait depuis 1870 un pas de géant, pendant que tous les partis cacochymes travaillaient et au grand jour et dans l'ombre pour la faire dévier de sa loi naturelle, lui faire remonter son cours? N'est-ce pas en vain que, dans leur impuissance, ils ont fait appel à cet étrange auxiliaire de l'autre monde qui ne se manifeste jamais que pour chercher à jeter le trouble dans les consciences, mentant ainsi à sa mission de conciliation et d'amour; puissance occulte qui voudrait dominer le monde et l'assujétir à sa volonté exclusive, le faire marcher comme un *cadavre;* enlever à l'humanité sa propre conscience, la rendre irresponsable de ses actes, et réduire à néant, si elle le pouvait, le plus bel ouvrage de la divinité. Efforts impuissants. Dieu restera le maître; sa volonté s'accomplira, son œuvre ne restera pas inachevée.

La France ayant secoué le joug des trois régimes déchus, se trouve avoir ainsi déblayé le terrain de tous les obstacles qui jusqu'ici s'étaient opposés à l'expression libre et volontaire de ses propres sentiments et être rentrée en possession d'elle-même. A elle maintenant la parole.

Qui peut mieux qu'elle connaître ses vrais besoins et ses véritables intérêts?

Qui mieux qu'elle-même peut lui indiquer la voie qu'elle a à suivre pour l'accomplissement de ses destinées?

S'assimilant les principes pour lesquels le parti républicain a toujours combattu et qu'elle a reçus en dépôt, principes qui sont la sanction de tous ses besoins, de tous ses intérêts, de tous ses droits et de tous ses devoirs, qui pourrait lui contester le droit de les mettre elle-même en pratique?

L'exercice de ce pouvoir souverain est la fin de toutes les convulsions politiques, la satisfaction des intérêts de la société, le respect de tous les droits, l'accomplissement de tous les devoirs et l'amour de l'humanité.

IX

LE DEVOIR

Tout est soumis à des lois. L'ordre et l'harmonie résultent de leur observation.

Tout y est fatalement soumis, l'homme excepté. Seul il a la faculté de s'y soustraire. De là sa grandeur et sa faiblesse. L'homme est libre.

De même que tout effet a une cause, de même toute création a un but. Chaque être a sa destinée propre et ses lois particulières imposées par sa nature même.

Quelle que soit la nature des êtres créés, l'homme l'emporte sur tous; il a donné le dernier mot de la création : l'HUMANITÉ exprimée par ces trois mots : *Liberté, Égalité, Fraternité*. Ne sommes-nous pas tous les enfants du même Dieu ?

L'homme seul a des devoirs à remplir. De leur accomplissement ou de leur inobservation dépend le bien-être ou le malaise de l'humanité.

Le devoir est une dette dont chacun doit s'acquitter envers soi et envers ses semblables.

Les nations sont comme les individus bien pensants; quand elles sont heureuses, elles se maintiennent dans cet état.

La conscience publique est comme la conscience individuelle : elle n'est satisfaite que par le respect des droits et l'accomplissement des devoirs.

Sous l'ancien régime, le pouvoir avait-il souci des droits du peuple? Non. Comment y aurait-il eu égard lorsqu'il lui refusait tout droit et que toute satisfaction accordée était regardée comme un bienfait émanant de la munificence royale? Et ses devoirs, comment les remplissait-il? Comme un colon inhumain vis-à-vis de ses nègres, ses esclaves.

Sous ce régime le peuple était-il heureux? Si heureux, qu'en retour du bonheur dont il était inondé, il effaça la royauté.

Cet effacement de la royauté ne se fit pas sans peine. La lutte fut longue, terrible et sanglante. Aux yeux du pouvoir, ses défenseurs étaient-ils des factieux? Était-ce contre eux qu'il s'élevait et qu'il nourrissait des projets de vengeance? Dans cette lutte, la victoire se prononça en faveur du droit.

Quand Charles X tenta, par ses Ordonnances, de rétablir l'ancien régime, le sang coula de nouveau. De quel côté des combattants Charles X voyait-il des factieux? Était-ce du côté de ceux qui faisaient le sacrifice de leur vie à son ambition et à son amour du despotisme? La victoire fut encore fidèle au droit.

Quand Louis-Philippe provoqua sottement le soulèvement de la France, le sang coula encore. Regardait-il comme factieux ceux qui pendant trois jours luttèrent pour lui conserver le pouvoir? La victoire couronna encore le droit.

Quand, sous la république de 1848, les journées de juin

vinrent assombrir le ciel de la France, quand s'engagea cette lutte réellement fratricide entre républicains arborant le même drapeau, amenée, fomentée par des ennemis secrets, le gouvernement ne fit-il pas un appel à la nation pour lui venir en aide et ne remercia-t-il pas la France du concours qu'elle lui avait prêté? Ce ne fut pas une victoire, ce fut une douleur nationale. La France, dans cette circonstance, donna une preuve éclatante de sa volonté ferme et arrêtée de conserver ses droits et de remplir son devoir.

Quand, en décembre 1851, le parjure, le traître et ses recrues qu'il levait depuis trois ans fondirent comme des barbares sur la France endormie, et, lui tenant le poignard sur le cœur, lui arrachèrent ses droits, le sang coula encore et abondamment. Ce ne fut pas un combat, ce fut un massacre. La Liberté se voila; l'Humanité en deuil déserta la France enchaînée. De quel côté étaient les factieux?

Durant près de vingt ans le vocabulaire français a changé le sens des mots *droit* et *devoir*; mais, grâce à Dieu, leur véritable signification a été rétablie.

Pour la première fois, en 1870, le droit a triomphé sans verser une seule goutte de sang. Et la France, remise en possession de sa souveraineté, avait lieu d'espérer que sa volonté serait désormais respectée.

Nous savons ce qu'il en a été. En ce moment même, nous sommes témoins du profond respect et du dévouement à ses intérêts que lui témoignent les trois partis qu'elle a été dans la nécessité d'éconduire.

Dans cette situation, quel est le devoir des républicains? Deux mots suffisent pour l'exprimer. Rester fidèles à leurs principes. Cette fidélité ne doit pas être platonique, mais active.

S'ils n'ont plus devant eux des obstacles à surmonter, des difficultés à vaincre pour doter la France d'institutions garantissant les droits de tous et favorisant l'expansion du bien-être, ils se trouvent en face du devoir qui leur est imposé de veiller à ce qu'il n'y soit pas porté atteinte.

Pour jouir de la vraie liberté et des avantages sans nombre qu'elle peut procurer à ses fidèles, même à ses ennemis, il en a coûté trop de luttes, trop de sang, trop de sacrifices; l'humanité l'a payée trop cher pour en faire l'abandon.

A là veille de la célébration du centenaire de sa résurrection, la France d'aujourd'hui se montrera digne de la France de 1789. Si elle n'a plus à détruire et à renverser, elle a à consolider le fruit de ses longues luttes. Ce qu'il lui a fallu de patience et de force morale depuis 1870 est un sûr garant qu'elle ne faiblira pas dans les circonstances critiques au milieu desquelles elle se trouve.

En 1789 elle a aboli le servage; en 1848, elle a flétri tous les sentiments bas et rampants; en 1870, elle a tué le despotisme; elle entend marcher aujourd'hui sous l'étendard de la vraie liberté, protégeant tous les intérêts, glorifiant l'humanité. Mais que voit-elle? tous ses ennemis vaincus se dresser contre elle et lui contester le droit de se gouverner elle-même, à la faveur d'un doute émis par le maréchal de Mac-Mahon sur le résultat des élections de 1876.

Qu'a désiré le maréchal de Mac-Mahon? Nous l'avons déjà dit : Que la France, dont les vœux seront pour lui un ordre, fasse connaître son sentiment, non pas sur la forme de gouvernement, ce qui est en dehors du débat, même à ses yeux, puisqu'il entend marcher sur le terrain de la Constitution, mais bien sur l'esprit qui animait la majorité de l'Assemblée dont il a cru devoir prononcer la dissolution et dont il ne partageait pas la manière de voir; en un mot, qu'elle se prononce entre cette majorité et lui dont l'esprit de conduite est parfaitement connu. C'est à ce sujet et pour cet effet que la France doit être appelée dans ses comices. Mais, dénaturant la pensée du Maréchal, de mauvais conseillers s'insurgent contre la République. De là ce spectacle instructif qui nous est donné et dont la France fera sans nul doute son profit.

C'est donc la guerre. Voilà les républicains prévenus. Quelle doit être leur conduite? L'attaque de leurs adversaires l'indiquera.

La France a déjà vu les amis de sa souveraineté, les républicains, aux prises avec les trois partis qui lui sont hostiles. C'était une lutte simplement électorale. Chaque parti voulait connaître ses propres forces. La France sut distinguer ses amis.

Aujourd'hui, elle les retrouve en présence, mais cette fois l'enjeu est sa propre destinée. Où s'arrêtera la lutte? De pacifique, en apparence, à son début, ne prendra-t-elle pas ensuite un autre caractère? Du bulletin ne passera-t-elle pas aux armes?

Des trois partis qui s'insurgent, il en est un que l'on voit avec peine s'allier avec le parti bonapartiste; l'honneur et le patriotisme ont été jusqu'ici ses principaux caractères; cette alliance ressemble à une apostasie: je veux parler du parti légitimiste non clérical. Est-ce que la tente que la France vient de dresser n'est pas assez vaste pour abriter tous ceux qui l'aiment?

Quoi qu'il en soit, les ennemis de la République viennent de jeter le gant aux républicains. Ce défi est audacieux; il sent surtout le bonapartisme. Le pauvre! il s'est fait jésuite, mais son habit ne peut tromper personne.

Défi dans les élections, défi de conserver la République; c'est complet.

Si en toute chose il faut considérer la fin, quel serait l'avenir que les ennemis de la République, si leur conspiration aboutissait, réserveraient à la France? Remontez à 1789 et suivez les événements depuis cette époque jusqu'à ce jour, et vous aurez, moins la gloire, l'image de la paix et de la tranquillité publique dont il lui serait fait cadeau.

Mais écartons ce tableau de nos yeux pour les laisser se reposer avec complaisance sur l'accord intime du pouvoir et de la France, sur les bienfaits successifs de la vraie liberté, sur l'entente des intérêts privés en vue de l'intérêt général, sur la prospérité publique assise sur l'ordre et la tranquillité garantis par le respect des droits et l'accomplissement des devoirs sous la surveillance protectrice de l'autorité.

Défi dans les élections. — Sur ce terrain, la France est trop amie de son repos, de sa tranquillité; elle est trop intéressée au maintien de l'ordre constamment respecté par les républicains, et perpétuellement secoué par les ennemis de la République; elle est trop convaincue de l'honnêteté, de la probité, du patriotisme réfléchi de ceux en qui elle a déjà mis toute sa confiance pour lui préférer ceux qui n'aspirent qu'à renverser l'ordre de choses actuel, sans même savoir par qui et par quoi ils le remplaceraient; qui, immédiatement après le succès, se déchireraient entre eux et couronneraient leur œuvre par la guerre civile; en un mot, elle est trop amie d'elle-même et apprécie trop bien les belles et bonnes intentions du maréchal de Mac-Mahon, pour ne pas se faire un devoir de l'éclairer sur les dangers de la politique qui lui est conseillée par ceux qu'elle regarde avec raison comme les ennemis du repos public, ce qu'elle fera très respectueusement en envoyant à l'Assemblée des amis de la République et de la Constitution, au nombre desquels figureront les 363, qui l'aideront dans l'accomplissement de ses devoirs envers la France jusqu'en 1880.

Défi de conserver la République. — Exprimons tout d'abord notre sentiment le plus intime : nous espérons que la guerre déclarée s'arrêtera à la bataille électorale et que ses ravages se borneront à laisser sur le carreau les candidats malheureux dans les élections. C'est notre vœu le plus ardent. Nous pensons que la France, instruite par les leçons du passé et devenue majeure et capable de comprendre ses droits et ses devoirs, enverra dans toutes les circonstances à l'Assemblée une majorité de républicains telle, que l'évidence du sentiment public de conserver la République imposera silence aux plus téméraires de ses ennemis.

S'il en était autrement, si les vœux de la France étaient méconnus; si, ne tenant nul compte de la majorité de l'opinion publique, les ennemis de la République voulaient s'imposer à la France, la priver de ses droits, de sa souveraineté, et, à cet effet, essayaient d'avoir recours à la force, on leur apprendrait que si un 2 décembre 1851 a pu réussir, une pareille entreprise serait aujourd'hui un acte de folie. Cette fois, les factieux recevraient le châtiment de leur crime.

Ils se tromperaient, les ennemis de la République, s'ils croyaient qu'il leur suffirait, pour réussir dans leur criminelle entreprise, d'imiter le traître de Morny annonçant à la France l'acte de haute trahison de Bonaparte et disant dans sa circulaire du 2 décembre aux préfets, que cet acte avait lieu *aux applaudissements de toute la population de Paris,* dans l'espoir d'imposer silence à la province; et, dans sa proclamation aux habitants de Paris, en date du 5 décembre : « *La France entière s'associe par une approbation unanime* aux grands événements qui viennent de s'accomplir, » pour affaiblir la résistance de Paris.

Mensonge alors, mensonge aujourd'hui.

Le maréchal de Mac-Mahon n'a pas à redouter les conséquences d'une surprise à cet égard; il trouverait debout à côté de lui les républicains décidés à défendre et la Constitution et la République. Ce devoir, ils le rempliraient.

Bordeaux. — Imp. G. Gounouilhou, rue Guiraude, 11.

Bordeaux. — Imp. G. GOUNOUILHOU, rue Guiraude, 11.

www.ingramcontent.com/pod-product-compliance
Lightning Source LLC
Chambersburg PA
CBHW071523030726
47593CB00003B/1376